Die einbeinige Möwe

Seelenmalerei

Lyrikband

von

Beate Hefler

Das Buch

Die einbeinige Möwe - Seelenmalerei

In diesem Lyrikband gelingt es der Autorin Beate Hefler, Momentaufnahmen von Gefühlen und Stimmungen wieder aufleben zu lassen.

Gekonnt verknüpft die Autorin Texte und stimmungsvolle Fotografien zu einem zusammengehörigen Ganzen und lädt dazu ein, eigene innere Bilder zum Blühen zu bringen.

Ein ungewöhnlich berührendes Buch, das dazu anstiftet, die Seele (auch in den Abgründen des Seins) zum Klingen zu bringen.

Die Autorin

Beate Hefler geboren 1971 in Ingolstadt.

Seit mehr als 30 Jahren setze ich mich mit dem schmalen Grat zwischen in Verbindung mit allem Sein was ist und dem Gefühl der Einsamkeit und des getrennt Sein vom Rest der Welt und den damit verbundenen Gefühlen der Freude und des Schmerz auseinander. Meine Eindrücke, Gedanken und Gefühle drücke ich mit Hilfe von Worten, Farben, Photographien und Tönen aus. Es bereitet mir Freude aus verschiedensten Sinneseindrücken und Erlebnissen zu schöpfen, ähnlich wie beim Kochen entsteht durch die verschiedenen Zutaten ein harmonisches Gericht. Seit Oktober 2005 bin ich als freischaffende Künstlerin in Ingolstadt tätig, mit der Intention Menschen mit meiner Kunst zu berühren, zu erfreuen. Licht und Freude in den Herzen der Menschen wachzuzaubern.

www.beate-hefler.de

Die einbeinige Möwe

Seelenmalerei

Lyrik und Fotografie

von

Beate Hefler

Umschlaggestaltung und Layout: Beate Hefler

1. Auflage 27. November 2006
2. überarbeitete Auflage 2015
3. überarbeitete Auflage 2015

ISBN-10: 3-8334-6619-7

ISBN-13: 978-3-8334-6619-9

Herstellung und Verlag: BoD - Books on Demand, Norderstedt

Bibliografische Information Der Deutschen Bibliothek:
Die Deutsche Bibliothek verzeichnet diese Publikation in der Deutschen
Nationalbibliografie; detaillierte bibliografische Daten sind im Internet über
<http://dnb.ddb.de> abrufbar.

Leben

Auf und ab.
Sonne - Regen
Kommen - Gehen
Reden - Schweigen
Lernen - Vergessen
Geben - Nehmen
So bist du - L E B E N !

In einem Moment glaubt
man dich zu kennen,
im anderen bist du ein
Fremder.

Jeder muss mit Ebbe
und Flut gehen.

Leben du bist bunt und
schwarz zugleich.

Du verlangst so viel,
du gibst so viel
L E B E N.

Auf und ab.
Sonne - Regen
Kommen - Gehen
Reden - Schweigen
Lernen - Vergessen
Geben - Nehmen
So bist du - L E B E N !

Zwischenräume

Leben in Zwischenräumen
zwischen Realität und Traum.

Gedrängt und gezogen
von Menschen und Situationen.

Um sich vom Existieren
zum „Leben können"
aus dem Gestrüpp
der gesellschaftlichen Normen
zu befreien,
bedarf es des Lebens
am Rande des Wahnsinns.

Leben zwischen Mauerritzen.
Dazu gezwungen,
ungeachtet der eigenen Gefühle.

Lebendig begraben!
Immer am Rande des Wahnsinns!

Eine Handvoll Muscheln

Eine Handvoll Muscheln
schillernd und schlicht zugleich.

- Zeichen des Lebens -

Verlassen
um zu sterben,
um neues Leben
zu ermöglichen.
- verlassene Häuser -
- verlassener Schutz -

Einst umspült
von Wogen.
Einst geschützt
von Tang.

Jetzt verlassen,
um zwischen
Unrat zu liegen.
Jetzt verlassen,
um an das Leben
zu erinnern.

Schimmer der Farben.
Schimmer der Hoffnung.

Grenzgänger

Über Grenzen gehen,
um neues Land zu entdecken.

Ohne zu denken,
dem Gefühl folgen,
in Richtung Freiheit.

Immer neuen Raum erschließen,
dadurch Grenzen kennen lernen.

Immer bereit, Grenzen
zu überschreiten.

Grenzgänger leben gefährlich,
ohne zu wissen, was kommen wird.

Sie verlassen ihre Häuser.
Stellen sich ohne Panzer
in den Wind.

Vertrauen sich dem Leben an.

Grenzgänger schöpfen aus tiefen Quellen,
die rein und unverbraucht sind.

Dafür gehen sie lange Wege,
die durch dürre Gebiete
mit Irrwegen führen.

Sie sind es,
die das Leben
der Menschen
immer wieder auf´s Neue
bewegen und verändern.

Künstler

Du malst dir ein Bild
von mir.

Ich male mir ein Bild
von dir.

Du malst Schattierungen,
die ich an mir nicht kenne.

Ich setze Striche an,
die du nicht zeichnen würdest,
an dir nicht sehen würdest.

Das Leben ist uns
ins Gesicht geschrieben.

Doch an der Seele,
da malen wir nur wenig.
Sie ist ein Kunstwerk,
das erst an unserem letzten
Tag vollendet wird.

Licht und Schatten

Ich weiß nicht,
wohin ich gehen werde.
Ich weiß nicht wohin
mein Weg mich führt.

Licht und Schatten
begleiten mich.
Licht und Schatten
sie begleiten dich.

Wie lange werden wir
diesen Weg gemeinsam gehen?

Du bist nicht auszulöschen!

Vielleicht kommst du,
vielleicht gehst du!

Doch kein Wind, kein Mensch
kann uns die Wege nehmen,
welche wir gemeinsam gegangen sind.

Wir liefen, fielen um.
Standen auf! Sind weiter gelaufen.

Gemeinsame Wege, einsame Wege.
So nah beisammen, so allein.

Licht und Schatten.
Aufstehen und fallen.

All die Tage, die wir zusammen sind.

Schottland

Nasse Wäsche
Feuchtes Gras
Stimmengewirr

Fremder unter Freunden
Neue Straßen
Ungewisse Wege

Zeit
Frei
Ohne Ziel

Gebunden an Gesetze
Offenes Herz
Gebundene Seele

Freund zur Seite
Weiter Weg
Straßen
Wege

Auf der Suche
Unrast
Sich finden
In irgendeiner
Begegnung!

Drohung

Drohung zerstört
die Unbeschwertheit.

Verstärkte Drohung
macht atemlos.

Drohung
entzieht Frieden.

Drohung
will herrschen,
will beherrschen.

Ohne Angst
kann die Drohung
nicht sein.

Ohne Angst
verliert die
Drohung
ihr Gesicht.

Kreislauf

Ich träume neben dir,
hoffend auf ein Morgen mit dir.

Ich hoffe mit dir,
auf ein geborgenes Leben zu zweit.

Ich lebe mit dir
im Alltag.

Im Alltag
träume ich mit dir.

Ich träume neben dir,
hoffend auf ein Morgen mit dir.

Seelenmüll

Mülleimer
weiß
Mülleimer
schwarz
Seelenmüll
hinein.

Müllabfuhr ist
freitags
14-tägig.

Sonne
lacht
spöttisch
am
Himmelszelt.

Liebste

Liebste
zu dir eilt mein Sinn,
mein Begehren,
mein Wunschdenken hin.

Du schwebst so weit weg.

Die Illusion hat Flügel.
Die Realität Peitschen.

Ach wie schön
schillernde Ferne
dich anzusehen.

Illusion

Alle Gedanken ausgedacht.

Auf einem Sofa festgesessen.

Alles in bunten
Ordnern abgeheftet.

Alles erreicht.

Friedliche Idylle.

Unzufriedenheit im Herzen.

Zukunft gesichert.

Fragwürdiges,
immer gleiches Morgen.

Illusion

Gedanken

Gedanken
kreisen im Universum
verworren umher;
suchen nach Antworten
auf die vielen ungeklärten Fragen.
- erdenschwer -

Verpflichtende Gegenwart
der Vergangenheit verbunden.

Ihr seid gegangen,
musstet gehen.
Habt uns
zu eurem Vermächtnis gemacht,
mit eurer Hinterlassenschaft -
ungeklärten Fragen,
Fragen, die nie zu Ende gedacht -
lasst ihr uns zurück.

Auf unserer Suche
nach dem Sinn im Dasein.
Für euch längst geklärt.
Aufgaben für uns,
behütet mit eurer Liebe
bis wir die Antworten
eines Tages erkennen!

Duft

Ein Duft
ein Gesicht
und du kommst mir in den Sinn.

Eine Hoffnung
und danach will ich zu dir hin,
mit dir sprechen,
d o c h
da fällt mir wieder ein,
du lebst nicht mehr.

Dann schicke ich in Gedanken
einen Gruß zu dir
durchs Universum.

Echo

Das vergess` ich nie,
habe ich in den leeren Raum gesagt.
Die Worte sind an der Wand verhallt,
ohne Echo.

Durst auf Leben verspricht ein Plakat
und du bist schon so lange weg.

So viel Ungesagtes wird nie mehr
gesagt werden.

Morgengrauen

Tag erwacht.
Sonne macht sich breit
um all ihre Wärme auszuschütten.

Vögel singen ihren Morgengesang.
Motorenlärm von der Straße,
die Stadt erwacht.

Hektische, geschäftige,
routinemäßige Betriebsamkeit.

Dieser Tag beginnt fast
wie jeder andere.
Reiht sich an die Kette
der vielen Tage davor.

- A l l t a g -

Natur vegetiert dahin,
Menschen hasten umher.
Montag, Dienstag, Mittwoch,
Donnerstag, Freitag.

D a n n
Samstag und Sonntag.
Jetzt wird ausgeruht,
Energie getankt.

In hektischer Betriebsamkeit
f ü r
Montag, Dienstag, Mittwoch,
Donnerstag, Freitag.

Gegen den Wind

Jetzt ist die Zeit,
sich gegen den Wind zu stellen.

Jetzt ist die Zeit,
sich nicht mehr
in der Sonne zu baden.

Jetzt ist die Zeit der Worte,
nicht die des Schweigens.

„Wer etwas zu sagen hat,
soll es jetzt tun, oder
für immer schweigen.“

Jetzt ist die Zeit der Wahrheit,
nicht die der Betäubung.

Jetzt ist die Zeit des Verzeihens,
nicht die des Verurteilens.

Jetzt ist die Zeit der Tränen,
nicht die der Höhenflüge.

Jetzt ist die Zeit der Zweifel,
nicht die der Geborgenheit.

Jetzt ist die Zeit des Erinnerns,
nicht die des Vergessens.

Jetzt ist die Zeit,
ein neues Leben zu beginnen
oder zu sterben.

Schattenwelt

Die Bäume werfen Schatten.
Blätter wiegen sich leise
im Wind.

Die Straßen glänzen nass
- von des Regens Glanz -
im Lampenschein.

Die Nacht hüllt uns
mit ihrem weiten Mantel ein.

Schlaf senkt sich wie ein Schleier
über die Welt.

Über die Welt,
in der jeder so sein kann,
wie es ihm gefällt.
Bis das Morgenlicht
den unwirklichen Schein
verdrängt.

Jeder wieder sehen kann,
was der andere denkt.

Idealisten

Idealisten sind da,
um Realisten zu werden.

Illusionen sind da,
um Realität zu werden.

Träume sind da,
um wahr zu werden.

Luftschlösser werden Stein!

Was ist, wenn es so weit ist?
Die Ziele erreicht?

Wir blass auf dem Gipfel sitzen?

Wie lange ertragen wir es,
zufrieden herabzusehen,
ohne weiter zu gehen?

Alte Ziele werden Vergangenheit!

Wir treiben weiter.

Immer weiter!

Wohin?
Wofür?
Warum?

Regen

Hinter hellen Fenstern sitzen
Tropfen klopfen ans Fenster
Malen Bilder - Hinterglasmalerei -

An etwas Warmes, Trockenes denken
Den Wind schreien hören
- Sich widerstehen -

Losgehen in die Dunkelheit
An Licht denken

Regentropfen auf der Haut
Regentropfen in Pfützen
Regentropfen in Rinnen
Regentropfen auf den Lippen

Regentropfen getrieben vom Wind
Regenschleier vor den Augen

Verzerrte Dunkelheit
Verzerrte Neonlampen

Helle Fenster in der Nacht
Phantasie malt Bilder
In die Schwärze

Gedanken treiben
Treiben quer

Licht wird Dunkelheit
Regen wird zu Meer

Getrieben im Wind fast blind.

Kreisel

Wir kreisen um uns selbst.
Wir kreisen in der Welt.

Bin mir selbst nicht genug.
Bin dir nicht genug.

Bin um zu sein!
Muss sein!

Müssen wir sein wie wir sind,
um zu sein für die Welt?

Sind klein für die Welt,
müssen dennoch sein.

Damit alles auf der Welt
seinen Platz behält!

Von Helden und Rosen

Werden Kämpfer immer Helden
in toten Geschichtsbüchern?

Werden Rosen immer Dornen,
die Hände verletzen?

Werden Träumer immer Realisten,
die alles im Griff haben?

Werden unsere
beziehungslosen Beziehungen
immer schlechte Erfahrungen?

Werden unsere Träume
immer ungelebte Sehnsüchte?

Wenn alles
vernünftig durchdacht und
berechnet wird, wozu noch leben?

Dann haben wir alles begraben,
ausgelebt und gehasst.

Dann sind wir hart und fehlerlos.

Das Streben nach Höherem
ist uns dann genommen.

Die Hoffnung hat aufgegeben
und mit ihr das Leben.

Dann können wir
alles im Keim ersticken.

Kinder werden nur noch
zum Schein geboren.

Was wollen wir noch erreichen?

Wollen wir im Wohlstand ersaufen?

Ebbe und Flut

Schritt für Schritt
lass uns offen aufeinander zugehen,
mit offenen Augen und Ohren.

Lass uns über Wunden schweigen,
solange wir sie nicht berühren dürfen.

Lass uns gehen,
so weit wir es vermögen.

Lass uns nehmen,
so wie man uns beschenkt.

Lass uns traurig und enttäuscht sein.
Lass uns lachen ohne Grund.

Lass uns schweben.

Lass uns festhalten und freigeben,
ohne einander zu zerbrechen.

Lass uns immer wieder anfangen,
aber nie enden.

Leergestaute Gefühle

Tränendichter Saum

Flügelleichter Elfenherzschlag

Sonnengeborene Menschengestalt

Seelenschimmernder Morgentau

Urgewaltiger Augenaufschlag

Meergeschätzte Farbenpracht

Weitersehnter Sprössling

Losgewobene Eigenständigkeit

Dunkelheit

Am Anfang lag die Dunkelheit.
Sie durchdrang mein Bewusstsein.
In meiner Höhle eingerollt
wartete ich auf Erleuchtung.

Kein Sonnenstrahl fand den Weg
in die große Finsternis.
Die Angst fand an ihr Gefallen.
Sie begann zu wachsen.
Als sie sich satt gefressen hatte
beanspruchte sie meine Höhle.

Die Bedrohung ließ mich kriechen.
Rechte Hand, linkes Knie,
linke Hand, rechtes Knie.
Ein rhythmischer Pulsschlag begann
meinen inneren Takt zu bestimmen.
Rechte Hand, linkes Knie,
linke Hand, rechtes Knie.

Finsternis - zu wenig Platz - folge dem Pulsschlag.

Ich reibe mich an der Realität.
Die Reibung entzündet einen Funken
und es wird hell.

Mein Blick hebt sich.
Um mich herum herrscht die Unsichtbarkeit.

Egal!

Der Funke erhellt den Moment.

Zauberhand

Ich bin aus einer langen Zeit
der Bewusstlosigkeit erwacht.

Meine Sinne wurden durch
die Fühllosigkeit zur
Gefühlsessenz.

Mein Gehirnmonster hat sich
im Tal der Einsamkeit
heiß gelaufen.

Ruhe und Weisheit füllen
den verlassenen Raum und
wachsen jetzt in mir.

Universum ich stehe
an meinem Wendepunkt
und bin bereit.

Bitte schick sie mir.
Schick mir die Frau mit
der Zauberhand,
welche meine Saiten
zum Klingen bringt.

Ich will das Konzert
des erfüllten Lebens
mit ihr spielen.

In allen Farben des Regenbogens.
In allen Tönen des Seins.

Geschichten

Lange Zeit glaubte ich daran,
dass jede Geschichte ein Ende hat.

Im Laufe der Zeit
bewegte sich eine gefestigte Meinung
in meinem Kopf zur Seite.

Sie ermöglichte einer Idee
den Weg zur Bedingungslosigkeit.

Was wäre, wenn manche Geschichten
einfach Astgabeln sind,
welche Zweige gebären
in die Endlosigkeit?

Hätten wir dann nicht
zu viele Einbahnstraßenschilder
in unserem Leben aufgestellt?

Blues

Man kann Einsamkeit nicht
mit Zigaretten ausbrennen.

Man kann Lebenshunger nicht
mit Dosensuppe stillen.

Man kann Sehnsucht nicht
mit Liebesliedern vertreiben.

Pappige Suppe!
Schmalzige Lieder!

Nur jetzt keine Gefühle zulassen.
Nur jetzt keine Hoffnung haben.

Morgen ist ein neuer Tag
mit neuen Forderungen.

Nicht an die Verbrechen denken,
die man beging.

Nur immer weiter
auf dem Weg der Leistung.
Auf der Suche nach
einem Sinn im Leben.

Möglichkeiten

Ganz unten ist es dunkel
und
ganz oben ist es hell,
aber
dazwischen ist alles möglich,
denn
da lebt der Regenbogen
mit seinem Bogen
und
all seinen bunten Farben.

*****

Die Uhr steht still

Die Uhr steht still.
Der Wind heult nicht mehr.

Punktgenaue Ankunft.
Neuland erfordert Präsenz.

Ich bin bereit,
obwohl mir das Gewicht
meines Reisemantels fehlt.

Die Schneckenfrage

Was macht eine Schnecke mit Haus?
Sie kriecht im Schneckentempo.
Sie frisst. Sie schläft.
Sie schenkt der Welt Schneckenkinder.

Sie hat keinen Beruf.
Ihre Kinder gehen nicht in den Schneckengarten.
Sie baut keine Schneckenstraßen.
Sie arbeitet in keiner Schneckenfabrik.

Sie lebt ihr Leben, bis es zu Ende ist.
Sie hinterfragt nichts.
Da sie kein Ego hat, ist sie selbstlos in der Welt.

Sie ist voll und ganz, was sie ist.
Eine Schnecke mit Haus.

Die Welt sorgt für ihren Lebensunterhalt.
Sie hält die Welt im Gleichgewicht,
weil sie eine Schnecke ist,
eine Schnecke mit Haus.

Tagträume

Landschaften an sich
vorbeiziehen lassen.
Vor sich hindösen.

Nichts von der Hektik spüren.
Träume an sich vorbeiziehen lassen.

Kilometer fressen,
dabei an nichts Bestimmtes denken.

Das Hier und Jetzt
so leben wie es kommt.
Ohne Ziel, ohne Ende.

Von Grenzen befreit
liegt das Land vor mir,
wie ein offenes Buch,
das ich in mir aufnehme,
mit all seiner Fülle.

Es verschenkt sich an jeden,
der sich ihm öffnet.

Der Horizont ist

Der Horizont ist.

Wasser auf die Mühlen.
Warum?

Wasser auf die Mühlen.
Von wem?

Die Seele treibt
auf einem Zeitmeer.

Der Horizont ist
nicht mehr oder weniger
als ein Punkt!

Der Fluchtpunkt ist
die Nabelschnur der Realität.

Gemälde

Holzrahmen
wird morsch.
Mein perfektes
Selbstbildnis
droht aus
dem Rahmen
zu fallen.

Was nun?

Es passte so gut
zur Einrichtung.

Es wurde von allen
bewundert.
- betrachtet -

Was nun?

Soll ich es
vernichten?

ODER

Wäre ein anderer
Rahmen angebracht?

Ohnmacht

Machtlos ausharren;
fernab der kontrollierbaren Realität.
Bruchteile von Sekunden werden zur Ewigkeit.
Hoffend, der billige Schmalspurfilm wird
ein Ende nehmen.

Der Alptraum endet,
ich wache schreiend auf,
atme erleichtert durch
und decke mich wieder zu.

Doch die Wärme stellt sich nicht ein,
der Film läuft weiter,
ich bin mitten im Film,
muss dem Ende ohnmächtig entgegen sehen.

Sehnsucht

Die Sonne scheint.
Das Fenster ist offen.

Aus dem Radio kommt Musik.
Es ist Urlaubszeit.

Ich fühle mich einsam.
Auch einmal Urlaub machen,
raus aus dem Alltag,
den Zwängen entfliehen.

Doch mein Blick
fällt auf meine Bücher.
Plötzlich steigt Sehnsucht
in mir auf.

Sehnsucht
nach unbekannten Ländern,
nach Freiheit,
nach Frieden.

Ich nehme meine Gitarre
und spiele mich in die Ferne.

Ich sehe die Ferne
in Gedanken.

Das Fenster ist immer noch offen.

Für mich!

Wiesenblumen

Wiesenblumen waren die Randbemerkungen meines Lebens.
Ich habe mein Gemälde aus dem Rahmen der Sicherheit geschnitten.

Mein Selbstbildnis fiel schutzlos in die Welt.

Das rastlose Abreißen der Kalenderblätter habe ich
ohne besseres Wissen eingestellt.

Die Sehnsucht lief nach Marathon in der Hoffnung, es zu erreichen,
ehe alle Blätter vom Kalender getrennt verwelkt sind.

Müdigkeit begann sie zu umwölken. Eine bange Frage brach aus ihr hervor.
Was, wenn Marathon ein Trugbild ist?

Die Sehnsucht suchte nach einem Dialog.

Marathon existiert antwortete die Seele. Es ist in dir.

Meines Schuhwerks entledigt, verließ ich barfuß den Weg.

Wiesenblumen und Erde geben meinen Schritten Halt.

Ich habe mein Ziel entdeckt.

Meer

Urgewalt
unendlich alt.

Schönheit
unbezwingbar,
mächtig und weise.

Du bist unbeschreiblich.

Wer dich erleben und fühlen durfte
kann deine Weisheit,
deine Gelassenheit
und deine Kraft erahnen.

Du verschenkst dich
an uns Menschen.

Bist uns Ursprung.

Bist uns Freund.

An deinen weichen,
warmen Stränden
lässt du uns ausruhen.

Du teilst deine Weisheit mit jedem,
der offen ist für deine Weite
und keine Angst vor deiner Kraft hat.

Das Leben ist ein schwarzes Meer

Das Leben ist ein schwarzes Meer.
Wir segeln in unseren Lebensbooten
auf ihm umher.

Wir färben die Welt
durch unsere Lebensfarben ein.

Es entsteht ein Bild
durch unsere gelebten Farben
im Wechselspiel
mit den Schatten unserer
ungelebten Möglichkeiten.

Das Leben,
das schwarze Meer,
saugt die Farben auf
und zeigt das Bild unserer Lebensfarben
bis zum Sonnenuntergang.

Nachts verschmelzen sie
mit dem schwarzen Meer,
zu einem einzigen Ganzen.

Der Sonnenaufgang eröffnet
uns ein neues Farbenspiel.

Sein

Mein Mantel
ist alt und zerschlissen.
Meine Seele ist weise
und unbelebt.
Mein Blick ist wissbegierig.
Meine Schritte sind müde
und bereit, der Sehnsucht
zu folgen.
Sie ist mein Weg.

Ich wandere
unruhig
auf der Erdoberfläche
in all der Tiefe der Zeit.

Ich sehne mich
nach Ruhe und Genügsamkeit.

Ich will mir genügen!
Ich will der Welt Frieden schenken.
Ich will meine Traumfrau sein.
Ich will wachsen und schweigen.
Ich will wissen und begreifen.

Ich will auf den Kämmen
der Lebenswellen reiten
in der Gewissheit
klein und begrenzt zu sein.

Mit einem Punkt
an meinem Lebensende!

Dosen

Leben aus Dosen
Konservendosen
konserviertes Leben
begrenzte Haltbarkeit.

Leben in Dosen
jahrelang im Keller eingelagert
Leben bereitgestellt in Dosen
ungelebt bis zum Ablauf
des Verfallsdatum.

Dosen mit Leben geöffnet
kurz vor Ende der Haltbarkeit.

Leben aus Dosen - dosierte Überdosis
dosenweises Leben - Dosenweisheit

Lebensweisheit in Dosen
konservieren zur Haltbarkeit.
Leben ist nur begrenzt haltbar.

Dosierte Dosis Leben
kann Überdosis sein
für bisher unkonserviertes Leben.

Dosierte Dosis Leben
kann Nahrung sein
für ausgehungerte Seele.

Feuerwerk aus Dosen
Dosenfeuerwerk!
Leben!

Lebensbaum

Ich grabe meine Zehen fest in die Erde.
Ich wurzle in ihr.

Ich strecke meine Arme und hebe meine Hände.
Meine Äste und Zweige dürfen wehen im Wind.
Ich öffne mich und strecke mich zum Himmel empor.

Ich habe meine Blätter im Herbst so oft verwelken sehen.
Ich habe so viele Winter mit meinen nackten
Ästen und Zweigen gefroren.

In diesem Frühling hat mein Stamm
festen Halt in der Mutter Erde gefunden.

Ich wage zu erahnen, was Leben bedeuten kann.
Ich erlaube meinen Ästen zarte Triebe und Blüten.

Ich will in diesem Sommer mein Blätterwerk
ausbreiten, damit es Wind, Sonne und Regen fühlt.

Ich freue mich auf das Fallen meiner Blätter,
wenn mein Bruder Herbst kommt.

Ich weiß, dass ich im Winter kahl sein werde,
um in Frost und Schnee zu frieren.

So werde ich die Jahreszeiten
alle ganz durchleben.

Frost und Schnee werden meiner Seele
keinen Schaden zufügen,
da ich weiß, dass sich der Kreis im Frühling
wieder öffnet und mich reich beschenkt.

Herbststurm

Gedanken wirbeln durcheinander
wie reifes Laub im Herbststurm.

Die Tage werden kürzer.
Es beginnen die Seelenabende,
welche in sich gekehrt sind.

Die grüne Natur
hat auf Ruhezeit umgestellt.
Das herbstliche Farbenfeuerwerk
hat die klare Nacktheit eingeläutet.

Die Sonne wärmt die nackte Haut
nicht mehr.
Sie hat nur noch Notdienst.

Wohin mit all den klaren, kalten Nächten.
Sie riechen nach Schnee, Ende und Tod.

Ich bin für den Winterschlaf noch nicht bereit.
Die Kälte reduziert meine Größe.
Meine Seele breitet sich
in der Sehnsucht aus.

Sternenklar, neblig und dunkelblau bis grau
zeigt sich die Welt.

Flügelschlag

Erdig treibt der Wind
die Wolken übers Meer.

Tränen der Sehnsucht
haben sich in den Spinnweben
der Zeit verfangen.

Einen Herzschlag entfernt
von der Möwe, die ihre Flügel
in der Gewissheit ausbreitet,
dass Freiheit keine Grenzen kennt.

Reise

Wind jammert
in den Drähten
bricht sich
Luft strömt hinweg
Klagelied

Tapsende Schritte
leiser Weg
Sterne leuchten
Kometen sind
längst verglüht
sind Legende

Mond wandert stetig
Unbeständigkeit
ist sein Schicksal
darf nicht ruhen

Nachts fällt
die Milchstraße
auf die Erde
verbindet uns

Chance im Kopf
Tag bricht an
Regenbogen blendet

Glanz erreicht
Farben schmelzen
in meinen Händen
zerfließen in
unbändige Energie.

Nebel

Nebel
getrübte Sicht
Schleier
schwerer Gedankengang

Held
hat sein Schwert verloren
Nervenkrieg

Krieg gewinnt
Seele
zeichnet sich
auf der Zimmerdecke ab
sickert in den Traum -
wird wesentlich.

Frei

FREI
FLÜGEL
FLIEGEN
FALLEN
NETZE

Du bist so weit frei,
wie du es selber zulässt.

Fliegen im Wind,
treiben im Aufwind,
kämpfen im Sturm.

Doch stets aufsteigen,
sich nie geschlagen geben.

In der Dunkelheit
auf der Suche nach Aufwind.

frei
flügel
fliegen
fallen
netze

Puzzle

Wie viel Platz braucht ein Mensch?
Wie frei kann man sein?
Wie viele Knoten hat ein Netz?
Wie weit ist der Himmel?
Wo ist mein Horizont?

Immer weiter,
weiter ans Meer meiner Träume,
barfuß am Strand meiner Sehnsüchte.

Körperlose Seele.
Seelenloser Körper.
Alles beherrschende Gedanken.

Wer bin ich?

Bin ein Bausatz
in meine Bestandteile zerlegt.

Auf meinem Weg
mit unbekanntem Ziel
zu mir.

Hexentanz

Hexentanz beginnt

Tannennadelfeuer lockt die Sinne
Mond spiegelt Sonne wider

Wir erstrahlen im ewigen Glanz
Wendekreis der Gezeiten

Energie durchbricht die Schallmauer
Karussell dreht sich langsamer

Unsichtbares nimmt Gestalt an
Seele wurzelt im Licht

Freudentanz S E I N
Echo ich bin!

Eiszeit

Der Winter ist vorüber.
Die Menschen berühren mich wieder.

Das Eis beginnt zu schmelzen.
Die Sonne befreit meine Seele
aus dem Dunkel der Einsamkeit.

Die Liebe zum Leben
ebnet mir den Weg zum Sein.

Wunder liegen am Wegesrand.
Sie warten auf Entdeckung.

Die Eiszeit ist vorüber.

Lebensfarben

Schließ die Augen, wenn du dich traust.

Folge den Farben des Meeres.

Lass dich auf das Leben ein.

Wirf deine Zweifel über Bord.

Begegne den Menschen.

Sei frei von Angst in deinem Herzen.

Und es werden Wunder geschehen.

Es wird weiterhin Kämpfe und
Schmerzen in deinem Leben geben.

Doch es wird ein reicheres Leben sein,
welches du erfährst.

Mach dich auf deinen Weg,
damit du alle Farben des Lebens
erfährst.

Traumzeit

Der Wind der Ahnung
weht durch das offene Fenster herein.

Er treibt die Wolken der Erinnerung
vor sich her.

Der Himmel verfärbt sich
dunkelblau bis schwarz unter der Wolkenlast.

Ich sitze am Fenster und verschwimme
mit dem Himmel.

Meine Gedanken werden Geister und
ich verwebe mich mit den Wolkenfetzen.

Der Wind weckt meine nackte Haut.
Er trägt alle Erinnerungen in mein Herz.

Ich schlafe in allem Sein.
Ich wache in meinen Träumen.

Die Traumzeit hat begonnen.
Ich schöpfe neues Leben
aus den Wolken.

Mausspuren im Gras

Mausspuren im Gras.

Ich erfinde das Leben
jeden Moment neu.

Gehe ich einen Weg
in der Wiese nicht,
dann entsteht kein Weg.

Gehe ich meinen Weg
in der Wiese,
dann weichen die Grashalme
meinen Füssen aus
und legen eine kurze Weile
meinen Weg.

Einen Dialog ergehen.
Das Leben ertasten.

Im Vorübergehen.
Mausspuren im Gras.

Wahrheit

Wahrheit,
nicht immer wollte
ich dich sehen.

Wahrheit,
nicht immer konnte
ich dich ertragen.

Wahrheit,
manchmal durfte
ich dich schmerzlich erfahren.

Wahrheit,
mein Leben ist
von der Suche
nach dir durchdrungen.

Wahrheit,
es gibt Tage und Momente,
an welchen ich vor dir
auf der Flucht bin.

Wahrheit,
allem zum Trotz
habe ich dich immer gesucht
und wollte dich erkennen.

Herbst

Die Häuser
atmen jetzt wieder sichtbar
aus ihren Kaminen.

Mein Herz gehört mir.

Die Menschen
erahnen den Atem des Winters.

Ich habe Wärme zu verschenken.

Die Bäume
geben ihre Früchte
und verlieren
ihr farbenprächtiges Kleid.

Das Universum
holt meine Energie ab.

Die Welt riecht nach Schnee
und zeichnet farbenprächtige
Sonnenuntergänge.

Meine begrenzt haltbare Wärme
ist im Moment unzustellbar.

Die Welt stirbt,
um Platz zu machen
für neues Leben.

Mehrere hundert Packstationen
in der Republik warten auf Pakete.

ALL-Ein

Wollen - Kopf - Herrschaft
Sehnsucht - Seele wünscht
Wärme - Herz sucht

Kopf - gibt zu bedenken
Seele - sehnt
Herz - friert

Seele - gibt nicht auf
Kopf - ist verwirrt
Herz - beginnt zu hoffen

Herz - begehrt
Kopf - hat Feierabend
Seele - fliegt Freitag

Einheit
Freiheit
Gesamtheit

ALL-Ein

Welle

Fühlen
riechen
schmecken
Lebensatem
Alles Sein
geeint
in einer einzigen
schäumenden Welle.

Welle
vorüberziehen lassen.

Welle
setzt unbewohnte
Muscheln frei.

Ermöglicht uns die Sicht
auf ungelebtes Leben.

Zieht den Vorhang
für einen Moment zurück.

Panoramablick
auf den Strand
deiner eigenen Wirklichkeit.

An manchen Tagen
verschenkt das Meer
gelebtes Leben.

Der Beweis ist die Muschel
in deiner Hand.

Bedingungen

Wahrheit
von Heute
ist Erinnerung
von morgen

Vergangenheit
überholt
Gegenwart

Gestern
verfehlt
das Morgen

DISHARMONIE!!

Lebenslügen

Tage
auf Illusionen
begründet

Morgen
ist zum Scheitern
verurteilt
durch
ungelebtes Heute

Kreislauf
durchbrechen
um Seele
zu befreien

Der schmale Grat

Ich sitze auf einem schmalen Grat;
meine Gedanken ruhen
und ich sehe hinab in das Tal des Lebens.

Mein Körper ist geschunden.
Zu lange bin ich alleine
im Meer der Einsamkeit gesegelt.

Meine Seele sieht weiter,
viel weiter als meine Augen es vermögen.
Sie spricht von der Endlichkeit
des menschlichen Seins
und den Möglichkeiten jenseits
des körperlichen Seins.

Mein Geist ist überfordert
und gekränkt.
Manchmal engt er mich ein
und die Verzweiflung
bestimmt meinen Rhythmus.

Ich bin noch nicht bereit
für die Ewigkeit.

Ich habe noch nicht
genug gelebt und geliebt.

EKG des Seins

Ton
Stille
Melodie
Lied

Satz
Punkt

Frage
Fragezeichen

Leben
Ton
Stille
Frage

Herzschlag
Brückenschlag
Ufer

Tod
Punkt

Jeden Tag

Dem Sonnenaufgang folgt
ein Sonnenuntergang.
Jeden Tag,
selbstverständlich gleich.

Die Stunden des Tages
sind frei.
Jeden Tag.

Jeden Tag
leere Seiten, die du füllen
kannst.

Beschränke sie nicht
durch deine Zensur.

Du kannst jeden Tag
mit Leben füllen.

Komm mit mir.

Die Sonne steht gerade auf,
wie jeden Tag.

Türen

Türen verschlossen
Blick eingeengt
Gefangener seiner selbst.

Sonnenstrahlen
erwärmen die Haut,
berühren das Herz.

Sonnenwärme
lässt Türen schmelzen.

Wind weht herein
öffnet den Blick.

Wind zeichnet Spuren
in den Sand.

Herz beginnt zu atmen.

Seele erahnt den Weg.

Eigene Wege sind möglich

JETZT!

Ruhe

Ruhe
spiegelt die Oberfläche,
Hurrikan tobt unter der Oberfläche.

Welle an Welle,
lässt Glas überschwappen.
Es herrscht der Sturm im Wasserglas.

Ereignisse unbeschreiblich leicht und schwer.
Ereignisse unbegreiflich nicht zu greifen,
machen das Leben schwer.
Atmen ist unmöglich,
dennoch geschieht es.
Ich lebe weiter.

Getrieben durch die Sehnsucht.
Hoffnung lässt mich weiter gehen.
Ich bin so müde. Will liegen bleiben.
Getrieben, gezogen.
Erdenschwere Sehnsucht.

Was wird sein?

Ich bin traurig.

Tief in meiner Seele
brennt ein Feuer.

Part I

Sternenklare Nacht
Sommerregen
Frühlingswetter

Habe an dich gedacht.

Mein Hoffen wünscht sich,
dein Leiden geht zu Ende.

Meine Hoffnung, du mögest
die verbleibenden Tage
in Ruhe mit der Welt
und in Frieden mit dir
verleben - erleben.

Als ich meinen
Postkasten öffne, finde ich
ein Sterbebild
eine Urlaubskarte
und eine Rechnung
darin vor.

Mein Briefkasten,
ein stilisierter Spiegel
des Lebens, an diesem Tag.

Hoffe darauf, dass du und ich
Frieden und Versöhnung
finden können.

An diesem lauten Tag,
der nach Sommer riecht.

Free Fall

Schmerzende Stille.
Lautloser Schrei.
Verworrene Fäden.
Gefangen im Netz,
das nicht mehr hält.

Es hält den Fall nicht mehr auf!
Ich falle umso tiefer!

Fallen in eine schreiende Tiefe.
Trügerischer Schein.

Will so nicht sein!

Luftige Gleichgültigkeit.
Schwere Leichtigkeit.
Gefangen in mir.

Bittere Worte,
durch die Luft geworfen.
Geschlagen wie ein Ball.

Stetige Traurigkeit.

Gedankenkreise

Schwarze Nacht
Sterne
Wolkenschwaden
Nieselregen

Das Ampelsignal
Zeigt rot
Stop and Go
Geschäftiges Treiben

Zähe Gedanken
Schmerzende Glieder
Trauerndes Herz
Bleierne Müdigkeit

Gehirn hat Hochbetrieb
Verschämte Ängstlichkeit
Trauernde Hilflosigkeit

Rastlos ziehe ich
Meine Kreise

Hoffe mich
Zu befreien

Sehne mich danach
Den Weg nach Hause
Zu finden.

Verstand

Verstand

Verstanden

Verständnislos

Verstand

Kopfstand

Gefühlschaos

Schmerz

Gefühlsstand

Es war einmal...

Mit den Drachen fliegen, ins Unendliche.

Auf Flügeln weggetragen,
Schwerelosigkeit empfinden.

Bereiche, Eintritt frei für jeden.

Unverkäuflich. - Gerecht verteilt.

Hoffnung und Sehnsucht
können fliegen.
Wenn du sie lässt.

Ein winziger Funke
entzündet eine Flamme,
die zu einem Feuer wird.

Das Lebensfeuer lässt sich
nicht mehr bändigen.

Es nährt sich stetig
und ist seine Überlebenschance
noch so klein.

Es treibt uns durchs Leben.

Es malt Bilder in die Dunkelheit.
Bis Sonnenstrahlen
durch die kleinste Ritze fallen.

Jetzt ist der Bann
der Drachentöter gebrochen.

Bewunderung

Bewunderung,
Verehrung
eines fremden Wesens,
dessen Farben in der
Ferne schillern.

Ungestümes Verlangen
raubt den Verstand.
Das Feuer erlischt nicht.
Der Verstand setzt Zeichen.

Blättert der Lack ab,
erstrahlt das Wesen
in einem neuen Licht.

Der wahre Kern
enthüllt sich.

Wird das Begehren
dann noch Bestand haben?

Tage des Lebens

Tage meines Lebens
wachsen wie Äste
am Baum empor;
in den Himmel hinauf.

Immer schneller,
immer höher
wachsen sie über mich hinaus;
werden durchsichtig,
wie das grüne Laubwerk.

Tage meines Lebens
fallen ab, wie das Laub
im Herbst.

Tage meines Lebens
geben den Blick
nach oben frei,
wie der kahle Baum
im Winter.

Tage meines Lebens
treiben Knospen,
tragen Früchte
wie der Baum im
tiefsten Sommer.

Tage meines Lebens
aneinander gereiht.

Wie das Sein des Baumes,
unterworfen der Zeit.

Immer wieder aufs Neue.
Wechselspiel.

Bis ans Ende der Zeit,
da man uns
schwach und knorrig
fällen wird.

Der Herbst steigt vom Himmelsgebirge nieder

Der Herbst steigt vom Himmelsgebirge nieder.

Wolken schwer ist der Himmel verhangen.

Morgendliche Nebelfelder begrüßen den Tag.

. Die Glieder wehren sich noch
gegen das schwere Kleiderkorsett.

Jetzt heißt es sich wieder zu begrenzen.

Die ausufernde Breite des Sommers ist vorbei.

Ist meine Seele schon für die beginnende
Innenschau am Ofen bereit?